MACBETH SCHLAFES MÖRDER

Gestaltung: **Wunderamt**

Elke Heidenreich · Tom Krausz

MACBETH SCHLAFES MÖRDER

FREDERKING & THALER

»Lege doch niemand Hand an Shakespeares Werke,
um etwas Wesentliches daran zu ändern: es bestraft sich immer selbst.«

August Wilhelm Schlegel, *Über dramatische Kunst und Literatur*

»Shakespeare ist, was wir alle wollen und nicht können ... Wir wissen einiges mehr über die Welt als Shakespeare. Wir wissen kaum mehr über den Menschen, und wir wissen immer noch nicht die Hälfte von dem, was er wußte, über die Kunst.« Peter Hacks

Die Geschichte von Macbeth, was für eine Geschichte ist das? Es ist eine Geschichte von Mord und Blut, von Ehrgeiz, Macht und Untergang, es ist auch eine Liebesgeschichte, eine Nachtgeschichte, es ist die Geschichte von der Machbarkeit oder Nichtmachbarkeit unseres Schicksals. Es ist eine Geschichte über die Schrecken der Phantasie. Sie spielt vor tausend Jahren unter Königen und Feldherren in Schottland, die es wirklich gegeben hat. Und William Shakespeare hat sich ein paar hundert Jahre später diesen blutigen Mann Macbeth aus den historischen Chroniken herausgegriffen, hat einiges so gelassen, wie es wohl wirklich war, hat anderes verändert – altes Vorrecht der Dichter –, und heraus kam eine Tragödie über das Böse. Diese Geschichte interessiert auch noch heute, und auch noch in tausend Jahren, denn es ist ja immer und immer noch da, das Böse.

Macbeth: **Blood hath been shed ere now, i'th'olden time,**
ere humane statute purg'd the gentle weal.

12 | Banquo: **It will be rain to-night.** First Murderer: **Let it come down.**

Was ist das, das Böse? Machen *wir* es, oder macht es *uns*? Sind wir Macbeth? Wozu ist der Mensch fähig, damals wie heute? Macbeth war ein Kriegsheld, ein Schlächter, und als er dann später in hohe Würden eingesetzt wurde und der Krieg vorbei war, blieb er ein Schlächter, um seine Macht auszubauen und zu festigen. Etwas anderes hatte er ja auch nicht gelernt. Und wir? Wir (lassen) morden und bombardieren, wir foltern und richten hin, und wo wir nicht Krieg führen, bestimmen wir den Gang der Welt in den Chefetagen der Banken und Wirtschaftsunternehmen und sind so weit weg von allem Lebendigen, wie Macbeth es war. Ob Machtgier, Fanatismus, kriegslüsterne Rache im Jahr tausend durch ein düsteres schottisches Schloß schleicht oder im Jahr zweitausend in die sechsundneunzigste Etage eines gläsernen Wirtschaftsturmes kracht, spielt keine Rolle.

Macbeth ist eine Geschichte über uns, auch wenn sie mit »Es war einmal…« beginnt. Es ist eine Geschichte von Rücksichtslosigkeit und Größenwahn, vom Aufsteigen und vom Fallen. Es ist die ewige Geschichte unserer Sehnsüchte, unserer Grausamkeit, unseres Verrats. Es ist auch die Geschichte vom Krieg und davon, was er aus den Menschen macht.

Schottland, heute.
Was für eine Landschaft, da, wo Macbeth seine Schlachten geschlagen, wo er gemordet, gelebt, regiert hat, wo er im Zweikampf starb, obwohl ihm doch die Hexen weissagten, daß niemand ihn töten könne, den ein Weib geboren hat. Hier ist es wild, weit, rauh, struppig. Die Wege holpern durch Ebenen, die einmal Schlachtfelder waren. Unter dem Boden die Knochen. Die Schlösser und Burgen hoch, schroff, abweisend, heute zugänglich für Touristen, die sich nur für einen Augenblick das elektrische Licht, das fließende Wasser, die wärmende Heizung wegdenken müssen, um zu spüren: Diese Schlösser waren Verliese, waren Gräber, waren Orte des Schreckens. Der Palast von Scone bei Perth: Hier wurden einst die Könige gekrönt, auf dem Boden von Scone, so die Legende, verblutete Macbeth. Im Park laufen heute Pfauen frei herum und stoßen ihre schrillen Schreie aus – einer von ihnen, sagt man uns, heißt Macbeth.

Die Natur ist überwältigend, sie wirkt dramatisch. Es ist Mai, als wir zum erstenmal in Schottland auf den Spuren des Macbeth sind, um zu sehen, zu suchen, zu fotografieren, zu fühlen, zu verstehen, zu notieren, und das Wetter wechselt innerhalb weniger Minuten von Sonne zu Schnee, von Windstille fast zu Sturm. Hier ist nichts vorhersehbar, nichts berechenbar. Moos und dichte Flechten überziehen Steine und Baumstämme. Vielleicht müssen wir uns die Seele des Feldherrn Macbeth genauso vernarbt, verkrustet, zugewachsen vorstellen. Bleifarben liegt der See im Hochmoor bei Lochindorb, mittendrin ein verfallenes Schloß auf einer kleinen Insel. Schreiende Krähen, sonst NICHTS. Geduldig wie ein geschundenes altes Tier liegt diese Landschaft da, und wir kennen ihre Geschichte.

Über Jahrhunderte floß Blut in diesen Boden, Jahrhunderte, in denen Schottland ein landschaftlich und politisch ganz und gar zergliedertes Gebiet war, Schauplatz erbitterter Clanfehden und grausamer Machtkämpfe. Wenn die Herbstnebel über den Boden kriechen, ist jeder Schritt vom Weg ab ins Moor gefährlich. Die Nächte kommen früh und sind finster, die Stürme haben eine unbarmherzige Kraft. Wer Phantasie hat, sieht Pferde, Männer, Feuer auf den endlosen Flächen, den trockenen Hügeln, hört Schwertgerassel und Todesschreie; die vielen Friedhöfe mit uralten Gräbern erzählen Geschichten. Hier hat sich zugetragen, wovon Shakespeare erzählt, und wenn wir nur tausend Jahre weiterdenken und in New York vor den rauchenden Trümmern von Ground Zero stehen, wo einst die Türme ragten und wo jetzt Blut, Knochen, Leichenteile mit dem Boden vermischt sind, dann sehen wir, daß das Morden nie ein Ende hat.

»It's not dark yet, but it's getting there.« (Bob Dylan, *Time out of mind*)

Auch Macbeth wollte am Ende die ganze Welt mit in den Untergang reißen.

Mich müdet langsam alles Sonnenlicht,
Möcht sehn, wie alle Welt in Trümmer bricht. –
... Komm, Untergang!

Das sind die apokalyptischen Ausmaße der Geschichte von Macbeth: Es geht um nicht mehr und nicht weniger als um die Vernichtung der Welt.
Es geht um uns.

Macbeth: **... there is nor flying hence, nor tarrying here.** | 27

Es war einmal ein guter, militärisch ziemlich untüchtiger schottischer König namens Duncan, der machtlos war gegenüber den gewalttätigen Aufständen der schottischen Clans im Innern und den Feinden von außen, den Dänen, den Norwegern. Die Drecksarbeit des Krieges ließ er seine Clanfürsten erledigen, den tapferen Macbeth, den Draufgänger Banquo – zusammen schlugen sie jeden Aufstand grausam nieder. Die Tragödie des Macbeth beginnt bei Shakespeare mit einem Blutbad, und sie endet mit einem Blutbad. Die Schöpfung der Welt begann mit dem Chaos, und wir können uns vorstellen, daß sie im Chaos enden wird.

Mit Donner und Blitz, mit dem Chaos auf einem Schlachtfeld beginnt das Stück. Die Hexen treten auf und murmeln: ░░░░ ░░ ░░░. ░░ ░░░░░ ░░ ░░░░░ ░░░ ░░░░░░░░░░░ ░░░░░ ░░░░░░ ░░░░░░░░ ░░░ ░░░░░░░░░░ ░░░░░░░░░ ░░░ ░░░░░ ░░░ ░░░░░░ ░░ ░░░░░░░░░░ ░░░ ░░░░░ ░░░░░ ░░░░░░░░░░ ░░░░░ ░░░░░. ░░ ░░░░░░░░ ░░░░░ ░░░░░░░ ░░░░░ ░░ ░░░░░ ░░ ░░░. ░░ ░░░ ░░░░░░░░░░

Recht ist schlecht, und schlecht ist recht. ░░░░░░░ ░░ ░░░░░░ ░░░ ░░░░░░░ ░░░░░ ░░░░░░░░░░ ░░░░░ ░░░░░░░░░ ░░░░░ ░░░░░░░░░ ░░░░░ ░░ ░░░░ ░░░ ░░░░░ ░░ ░░░ ░░░ ░░░░░░ ░░ ░░░░░ ░░ ░░░░░░ ░░░░░. ░░ ░░░░░░░░ ░░░░░ ░░░░░░░░ ░░░░░ ░░ ░░░░░ ░░ ░░░. Dieser Satz ist programmatisch für alles, was jetzt geschieht: Hier wird das Unterste nach oben gekehrt, hier stimmt nichts mehr, Freund ist Feind und Feind ist Freund und Tag wird Nacht. Und die Hexen? Gibt es denn Hexen? Es gibt und gab den Glauben an Hexen, und was sie murmeln, murmeln sie in unserer Phantasie. Sie machen das bewußt, was dumpf und gefährlich in unserer Seele ruht. Da liegen zwei Männer auf einem Schlachtfeld, völlig erledigt von den Heldentaten des Aufspießens und Aufschlitzens, und vielleicht spielt ihnen ihre Einbildungskraft einen Streich. Irgendwie müssen selbst sie das Gemetzel und die Schreckensbilder verarbeiten, und vielleicht geht das nur über Wahnvorstellungen, über das Abdriften in Albträume. Der eine von ihnen ist Macbeth, ein Mann, der vor keiner realen Gefahr zurückschreckt, aber vor den Einflüsterungen seiner Phantasie, vor den Wahngebilden in seinem Inneren, da fürchtet er sich.

Witches: **Fair is foul, and foul is fair: hover through the fog and filthy air.** 33

| Witches: **Show his eyes, and grieve his heart; come like shadows, so depart.**

Wirkliche Greuel

Sind harmloser als Graun, das man sich denkt

sagt Macbeth.

Hat Macbeth, erschöpft von der Schlächterei, geträumt? Sigmund Freud nennt Träume den »Königsweg zum Verständnis des Unbewußten«. Hat Macbeth also geträumt, was er in seinem Unterbewußtsein schon ahnt: daß er König werden wird? Ein Mann namens Hitler, viele hundert Jahre und Reiche später, nannte solche Machtphantasien »die Vorsehung«, und noch später hatte ein Mann namens Martin Luther King den Traum von einer gerechteren, besseren Welt. »I have a dream«, sagte er, und kurz darauf wurde er genau deswegen erschossen. Mit den Träumern macht man kurzen Prozeß, wenn sie nicht handeln.

Macbeth weiß das.

Ein Bote meldet derweil dem König Duncan die gewonnene Schlacht. Der König sitzt zu Hause in seinem Schloß, der Bote hat am Krieg teilgenommen und sieht auch entsprechend aus. Der erste Satz des Stückes, den ein Mensch – König Duncan – gleich nach der Hexenszene sagt, lautet:

Was da fürn blutiges Stück Mensch?

Das blutige Stück Mensch berichtet vom Heldenmut des Macbeth und schildert dem König, wie Macbeth mit den Feinden umspringt:

... mit gezücktem Schwert,
Das blutig dampfend war von Hinrichtung,
Haut der sich Schneisen durch, Schoßkind des Muts,
Bis hin zu diesem Schuft;
Und nichts von Händeschütteln, Abschiedsgruß,
Bis er ihn aufgetrennt hat bis zum Kinn
Vom Nabel, und den Kopf gespießt hat auf den Wall.

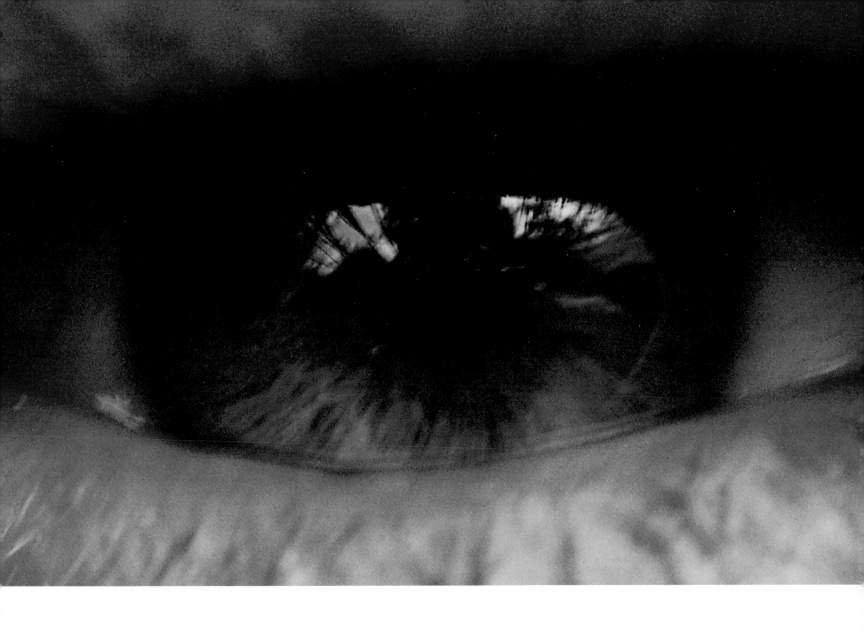

Duncan: **He can report, as seemeth by his plight, of the revolt the newest state.**

Das gefällt dem König, ja, so muß man zuschlagen! Und großzügig vergibt er hohe Ehren. Der Than von Cawdor ist ein Verräter gewesen, er soll sterben, und der tapfere, loyale Macbeth soll den Titel erben und der mächtige Than von Cawdor werden. Und genau das weissagen ihm zu genau dieser Zeit auch die Hexen auf dem Schlachtfeld. Oder sind es die heimlichen Machtwünsche des Macbeth? Liegt es nicht nahe, daß er denkt: Der Cawdor ist tot, eigentlich wär ich jetzt mal dran und könnte sein schönes Schloß und seine riesigen Ländereien erben ...?

Der erste Satz, den Macbeth im Stück sagt, ist:

So schlecht ein Tag und recht ein Tag, das gab's noch nie.

Er denkt und spricht genau wie die Hexen: Recht ist schlecht und schlecht ist recht, und das heißt: Alles verliert seinen ursprünglichen Sinn und wandelt sich ins Gegenteil, der Tag wird ab sofort zur Nacht oder verwandelt sich zumindest in ein diffuses Zwielicht, der Himmel verdunkelt sich, die sanfte Eule schlägt den scharfen Falken, Pferde fressen sich gegenseitig auf, die Umkehrung oder, wie Nietzsche sagen würde, die Umwertung aller Werte wird zum selbstverständlichen, tief unheimlichen Programm.

Macbeth frevelt gegen seine Natur, denn er ist kein von Grund auf böser Mann. Seine Frau schildert ihn sogar als eher unentschlossen, wenn es ums Zupacken geht:

Nur fürcht ich doch dein Wesen:
Es ist zu voll der Milch der Menschheitsgüte,
Den nächsten Weg zu gehen. Groß möchtst du sein;
Bist nicht von Ehrgeiz frei, bloß frei von Bosheit.

Das erstaunt uns nun schon, die wir ihn gerade so haben zuschlagen sehen. Sein Kriegshandwerk zumindest versteht der Mann, aber anscheinend hat es ihn noch nicht völlig durchdrungen und verroht. Doch die anderen Kräfte, die Einflüsterungen des Ehrgeizes, der Machtgier, die Weissagungen der Hexen arbeiten schon in Macbeth. Er verändert sich, und wie ein Abbild seines Inneren verändert sich die Natur: Die Sonne scheint nicht mehr, es donnert, Blitze zucken über die Szenerie. Von Tieren ist die Rede, die sich nicht ihrer Art gemäß verhalten, die sich zum Beispiel gegenseitig auffressen. Wann schlägt schon die Eule den Falken? Käuze kreischen, Skorpione, Habichte, Schlangen bevölkern das Stück, und die Kraft der Natur rüttelt an den Mauern und den Menschen. In den Schlössern hallen Schreie, wenn es an die Pforte klopft, zucken alle zusammen, das Wort Blut kommt an die hundertmal vor in diesem Stück, und wir sehen Leichen, Leichen, Leichen. Das Leben gilt gar nichts. Die Hexen, eigentlich doch Frauen, tragen Bärte, und das grüne Meer färbt sich in Macbeths Phantasie rot von Blut.

Lady Macduff: **He loves us not: He wants the natural touch; for the poor wren, the most diminitive** 47
of birds, will fight, her young ones in her nest, against the owl.

Jahrhunderte später sitzen wir auf Macbeth's Hillock, in den Highlands. Es ist der einzige Hügel in der weiten Ebene vor Inverness, und wir haben das Gefühl, wir sitzen auf Knochen, die nur gerade so mit Gras überwachsen sind. Der Wind zerrt ruppig an den schrägstehenden Büschen und Bäumen. Wir stellen uns vor, wie Macbeth und Banquo hier zufrieden und erschöpft über ein riesiges Feld von Leichen geblickt haben und vielleicht dachten: Das wäre geschafft. Was machen wir jetzt?

Lady Macbeth: **O! never shall sun that morrow see!**
Your face, my Thane, is a book, where men may read strange matters.

Wer in die Welt von Macbeth eintritt, tritt in eine Welt ein, in der nichts mehr stimmt. Macbeth ist ein fürchterlicher und ein fürchterlich unglücklicher Held, geplagt von Wahnvorstellungen, gemartert von seiner Phantasie, von den Schreckensbildern in seinem Innern. Er hat sogar ein Gewissen, das ihn quält. Einerseits ist er seinem König, seinem Chef, gegenüber loyal und kämpft für ihn bis an seine Grenzen, bis zum Umfallen. Andererseits will er mehr, er will die ganze Macht, und erschrocken begreifen wir, was wir ja insgeheim wissen: daß Gut und Böse nicht streng getrennte Gegensätze sind, sondern daß sie in ein und derselben Brust wohnen – in seiner, in unserer. Und nun kommt es darauf an, was man daraus macht, zu welcher Seite man tendiert.

Löscht, Sterne, euer Feuer!
Kein Licht den Wünschen schwarz und ungeheuer

Das denkt er, aber sie, seine Frau, wird später höhnen:

Hast du wohl Angst,
Derselbe Mann in Tat und Mut zu sein,
Der du im Wünschen bist?

Auch dem Mitstreiter Banquo sagen die Hexen die Zukunft voraus: Kleiner wird er sein als Macbeth und doch größer, denn nicht er, aber viele seiner Nachkommen werden Könige. Aber erst mal, sagen die Hexen, wird Macbeth der nächste König – und sie verschwinden. Macbeth ist völlig verwirrt und erregt, aber Banquo sagt trocken, als die Hexen plötzlich wieder weg sind:

Wohin verschwanden die?

... oder aßen wir vom Wahnsinnswurz,

Der den Verstand gefangennimmt?

Banquo ist in sich gefestigt, ihn wirft so eine Vorhersage von irgendwelchen Spukgestalten nicht aus der Bahn, aber Macbeth mit seiner Nähe zum Irrealen, mit seiner überbordenden Phantasie, Macbeth weiß, daß in einem tapferen Feldherrn ein Mörder, ein Usurpator, ein Diktator steckt, er weiß, daß jetzt in ihm etwas wächst: die böse Gier, König zu werden. Wer hat denn den Feind vernichtend geschlagen, der gute Duncan zu Hause am Kaminfeuer oder er hier, zwischen all den Leichen, in all dem Blut? Er hat einen guten Job gemacht, und ein guter Job muß einen guten Mann an die Spitze katapultieren. Wir können diesen Macbeth durchaus verstehen, wir kennen ja auch die geheimen Lüste und Sehnsüchte, wir würden auch gern den Chef erschlagen, um den Platz einzunehmen, der eigentlich uns gebührt.

»Wer von uns hätte nicht, von den Umständen begünstigt, schon die ganze Skala der Verbrechen durchgemacht? ... Man soll deshalb nie sagen: ›das und das hättest du nicht tun sollen‹, sondern immer nur: ›wie seltsam, daß ich das nicht schon hundertmal getan habe.‹« Friedrich Nietzsche, *Der Wille zur Macht*

Die Blut-Tragödie des Macbeth ist auch unsere Tragödie, auch unsere Einbildungskraft ist blutig, wir folgen ihr nur nicht derart getrieben und konsequent. Nicht alle. Nicht immer.

»In unserm Busen wohnen unsere Sterne«, heißt es bei Theodor Fontane in *Unwiederbringlich,* »... und was die innere Stimme spricht, das erfüllt sich.«

Im Busen von Macbeth wohnt außer Machtgier und Mordlust auch die tiefe Liebe zu seiner Frau, der Lady Macbeth. Noch auf dem Schlachtfeld schreibt er einen Brief an sie, läßt ihn durch einen Boten überbringen, kurz ehe er doch selbst heimreitet. Aber er muß mit jemandem reden, er muß sich anvertrauen, und sie ist es, die er liebt und der er vertraut. Stell dir vor, schreibt er, mir wurde geweissagt, daß ich der neue Than von Cawdor würde, und was soll ich dir sagen? Ich bin es schon, der König hat mich ernannt, eben kam die Nachricht! Und weißt du was? Man hat mir auch noch vorhergesagt, daß ich sogar König werde! Dabei lebt der König doch noch, und Söhne hat er schließlich auch, also kann ich ja wohl nicht König werden, oder, »liebste Gefährtin meiner Größe«? Was soll ich von all dem halten? Mal unter uns – du weißt es: Ich wäre ein besserer König als der, aber ... Und als er heimkommt, müde, zerschunden, überdreht, da wartet sie schon auf ihn und sagt: Natürlich kannst du König werden, du mußt es nur wollen. Und wenn du es willst, mußt du ein bißchen nachhelfen. Und sie erzählt ihm, daß der dankbare König noch heute auf Macbeths Schloß eintreffen, hier essen und übernachten wird.

62 | Old Man: **I have seen hours dreadful, and things strange,
but this sore night hath trifled former knowings.**

Ich bitte dich, sagt die Lady, besser kann es ja wohl nicht kommen, wir machen die Wachen betrunken, du schneidest ihm den Hals durch, so was kannst du ja, und dann stecken wir den Wachen den blutigen Dolch in die Hände, lenken den Verdacht auf die machtgeilen Söhne als Anstifter, und fertig.

Die alte Geschichte? Ehrgeizige Frau treibt Mann in schwindelnde Höhen? Oder Mann will zuviel, zögert dann doch, aber sie ist es, die ihn zur Tat drängt? Denn er zögert. Macbeth denkt die Tat, aber er will sie nicht tun, seine Wünsche treiben ihn noch um.

Aber sie, sie ist schon nur noch Wille, und nichts als das: schierer Wille.

Oder ist gedacht immer auch schon getan? Im Paradies war Eva es, die Adam den verbotenen Apfel hinhielt. Aber er war es, der hineinbiß, und das Paradies war verloren. Die brutale Wahrheit ist: Wenn wir über Leichen gehen wollen und aus dem Paradies die Hölle machen wollen, dann tun wir es auch. Es kann und will nur nicht jeder. Das ist, vielleicht, die letzte Rettung: nicht *jeder*.

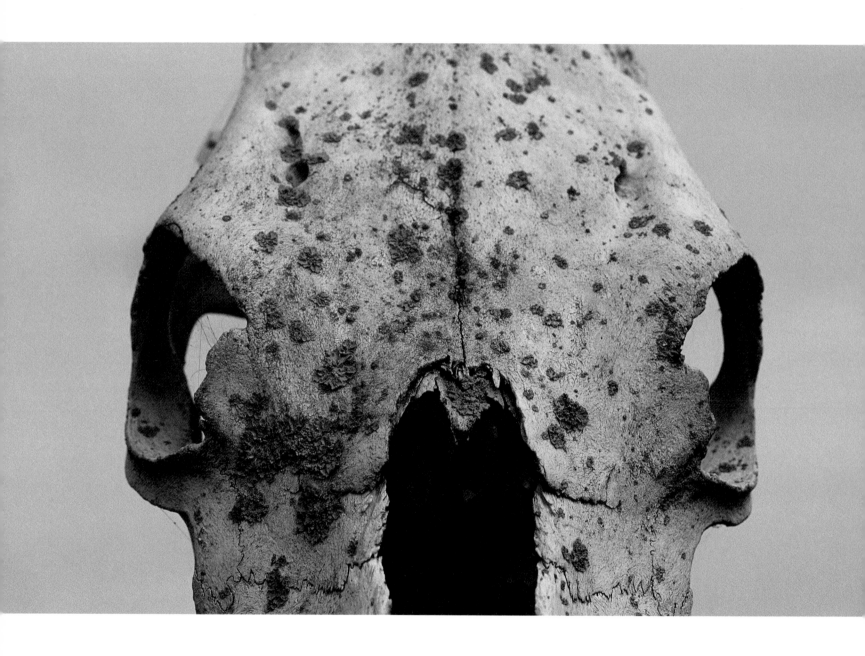

Macbeth will schließlich. Aber ausgerechnet er, der auf dem Schlachtfeld so mutig ist, fürchtet sich noch vor der endgültigen Tat.

»Die Menschen fürchten stets den Blick auf den Grund ihres Herzens«, heißt es in Akira Kurosawas Macbeth-Film von 1957, *Das Schloß im Spinnwebwald*.

Auf diesem Grund des Herzens leben die Hexen und flüstern uns Dinge ein. Hinhören? Weghören?

»Was für eine Welt des augenlosen Sehens und des hörbaren Schweigens, dieses immaterielle Land der Seele! Welche mit Worten nicht zu fassenden Wesenheiten, diese körperlosen Erinnerungen, diese niemandem vorzeigbaren Träumereien! Und wie intim das Ganze! Eine heimliche Bühne des sprachlosen Selbstgesprächs und Mit-sich-zu Rate-Gehens, die unsichtbare Arena des Fühlens, Phantasierens und Fragens, ein grenzenloser Sammelplatz von Enttäuschungen und Entdeckungen. Ein ganzes Königreich, wo jeder von uns als einsamer Alleinherrscher regiert, Zweifel übt, wenn er will, Macht übt, wenn er kann. Eine versteckte Klause, wo wir die bewegte Chronik unserer vergangenen und noch möglichen zukünftigen Taten ausarbeiten können. Ein inneres Universum, das mehr mein Selbst ist als alles, was mir der Spiegel zeigen kann. Dieses Bewußtsein, das mein eigenstes, innerstes Selbst ist, das alles ist und doch ein reines Nichts – was ist es?« Julian Jaynes, *Der Ursprung des Bewußtseins durch den Zusammenbruch der Psyche*

Wer ist schuld an dem, was nun passiert? Die Vorhersagen, die Phantasie? Die ehrgeizige Lady? Macbeth mit seiner Machtgier? Oder hat niemand Schuld, und alles geschieht eben, und wir nennen es dann *Schicksal?*

Wenn wir jung sind, überschätzen wir die Machbarkeit des eigenen Lebens. Wir denken, wenn wir alles gut und richtig machen und immer auf ein Ziel zusteuern, dann wird es schon werden, unser Leben. Und wirklich – vieles gelingt uns ja auch. Vieles läßt sich planen, es gibt Träume, die in Erfüllung gehen, und unser Leben erscheint uns oft alles in allem gelungen und gut.

Aber wenn wir älter werden, begreifen wir immer mehr, daß wir unser Leben keineswegs ganz selbst gestalten können, sondern daß es auch gestaltet wird – durch Krieg und Unglück, Krankheit und Verlust, durch Tod und Politik. Wir erkennen, daß nicht alles geschieht, was wir wollen – und wenn wir noch so sehr darum kämpfen. Im Gegenteil: Es geschieht vieles, das wir ganz und gar nicht wollen, und wenn wir uns noch so dagegen wehren. Jetzt wird es Zeit, sich mit dem Schicksalhaften in unserem Leben zu versöhnen, um nicht daran verrückt zu werden.

Macbeth: **For't must be done to-night, and something from the palace;
always thought, that I require a clearness.**

Und jetzt kommt Macbeth, dieser blutige, offensichtlich ja auch noch blutjunge, ungebärdige Mann, und sagt: Nein, was ich denke, will ich auch tun, was möglich ist, muß auch gemacht werden, ich kann mir in meiner Phantasie *alles* vorstellen, also will ich auch *alles* machen. Und er ersticht den König.

Macbeth heißt vielleicht auch Milosevic oder Bin Laden, Hitler oder Pinochet, Mao, Saddam oder Pol Pot, und für einige mag er auch Kissinger, Nixon oder Bush heißen. Das ist eine Frage des Standpunkts. Aber es sind fast immer Männer. Machtgierige Männer wie Macbeth.

»Von Männern, Frau, ist diese Welt gemacht,
Nur Männer können ihren Bau erschüttern«

läßt Heiner Müller seinen Macbeth sagen.

Lady Macbeth ist eine Schwester der Hexen. Sie flüstert da weiter, wo jene auf-
gehört haben:

Die Welt zu täuschen, schau
Wie alle Welt; in Hand und Mund und Blick
Führ das Willkommen: zeig Blümchens Unschuldsmiene,
Doch sei im Gras die Natter.

So ermuntert sie ihren zögernden Mann, den kühnen Gedanken endlich Taten
folgen zu lassen.

Lady Macbeth: **Look like th'innocent flower, but be the serpent under't.** | 75

Noch hat er Angst – Angst vor dem Abgrund in sich selbst, dabei ist er doch ein Profikiller. Aber einen Schlafenden zu töten, der einen eben noch befördert, mit dem zusammen man gegessen und getrunken hat, den man beherbergt und der alles Anrecht auf Schutz hat – das ist schon etwas anderes, oder? Ach was, sagt sie,

So Taten darf man nicht
Auf die Art sehn; so macht uns das verrückt.

Interessant, daß später sie es ist, die diese Tat genau auf *die* Art sieht und daran verrückt wird. Aber da hat sein Herz sich längst völlig verhärtet und sogar von ihr abgewandt, die er anfangs noch so zärtlich anspricht: »My dearest love«.

Also: Er tut es. Er ersticht in seinem eigenen Haus den friedlich schlafenden König, weil er die Tat nun einmal gedacht hat, weil er nicht mehr zurück kann, weil die Gelegenheit gerade so günstig ist. Er tötet den König – und er tötet den Schlaf.

Macbeth erschlägt den Schlaf.

Macbeth: **Methought, I heard a voice cry,**
»Sleep no more! Macbeth does murther Sleep«. – the innocent Sleep.

| Porter: **Knock, knock, knock. Who's there, i'th' name of Belzebub?**

Was für eine rasante Geschichte! Ab jetzt gibt es gar keine Ruhe mehr, niemand kann in diesem Schloß, in dieser Geschichte mehr schlafen, nur die Lady schlaf-wandelt später. Keine Ruh im Haus und kalt wie Hölle! schimpft der Pförtner, als es nachts ans Tor pocht. Es ist eine stürmische Nacht, das Un-wetter zur Un-tat,

... und wie's jetzt heißt,
War was im Wind wie Jammern, was wie Todesschreien;
... die Erde,
Sagt mancher, hätt gebebt im Fieberschauer.

»And the wind began to howl...« (Bob Dylan, *All Along the Watchtower*)

84 | Lenox: **The night has been unruly … and, as they, say, lamentings heard i'th'air; strange screams of death.**

Es scheint, als reagiere die Natur mitfühlender als der Mensch, der Mörder des Schlafes, der Ruhe und des Friedens.

War eine rauhe Nacht bestätigt Macbeth, der Mörder, ruhig und doppeldeutig. Und Rosse unterhält sich vor dem Schloß mit einem alten Mann, der in seinem siebzigjährigen Leben so ein Unwetter noch nicht erlebt hat, und sagt:

Der Himmel, wie erzürnt vom Tun der Menschen,
Droht ihrer Blutbadbühne: nach der Uhr wär's Tag,
Und doch erstickt Pechnacht den Feuerball.

Als der Feuerball die Türme in New York explodieren ließ, wurde der Tag zur Nacht. Wir können das mit Rauch und Staub erklären, aber die Bilder gleichen sich, und als der Mann auf Golgatha gekreuzigt wurde, verdunkelte sich der Himmel auch. Wir brauchen solche Bilder, um den Schrecken auszuhalten. Wenn schon der Mensch nicht mehr versteht, nicht weiß, wie er reagieren soll, dann wenigstens die Natur. In Macbeth ist sie mitfühlender, leidet mehr als der Held. Er selbst beschwört sie sogar:

Komm, sackschwarze Nacht,
Verhüll dem milden Tag die sanften Augen.

What bloody man is that! Das Stück ist von 1606. Shakespeare erlebt gerade heute bei uns eine Renaissance, auf allen Bühnen wird er gespielt, seine Stücke sind Filmstoffe, und Jobexperten haben seine Figuren für ihre Ziele entdeckt: als psychologische Grundlage für das moderne Management. Shakespeare, der Menschenkenner, muß dafür herhalten, daß sich künftige Manager an seinem Personal orientieren. Ausgerechnet Richard Olivier, Sohn des berühmten Shakespeare-Darstellers Sir Laurence Olivier, lehrt in Kursen Shakespeares Kunst des *leadership*: Werden Sie kein Zauderer wie Hamlet! Seien Sie intrigant wie Jago, rücksichtslos wie Macbeth, ehrgeizig wie seine Frau, gerissen wie die Portia aus dem *Kaufmann von Venedig!*

Heißt das, wir sollen über Leichen gehen? Tun wir doch schon, sagt Olivier, es wäre naiv zu behaupten, daß die Geschäftswelt kein brutaler Ort sei. Und von Shakespeare, sagt er, könne man in puncto Leidenschaft, Phantasie und Entschlossenheit immer etwas lernen.

Plötzlich sind Figuren interessant, deren Verhalten nicht erklärbar ist – denn Shakespeare psychologisiert nicht. Die Menschen sind, wie sie sind, und das macht uns zum Beispiel jemanden wie Macbeth so vertraut und bei allem Entsetzen nicht nur abscheulich, denn wir erkennen uns selbst in ihm. Haben wir nicht auch diese dunklen Wünsche in uns, handeln wir nicht auch oft so, daß wir uns selbst gegenüber nicht mit eindeutigen Begründungen aufwarten können?

Gott ist grausam. Gott schuf den Menschen nach seinem Bilde. Wir haben die Freiheit, nein zu sagen zum Bösen, aber wir tun es – meistens – nicht. Es ist in uns, und es will raus. Soll es raus, sagt Olivier, so ist die Welt nun mal. Shakespeare sagt's ja auch.

Sind wir also tatsächlich *Natural Born Killers?*

Ein bißchen zögert Macbeth ja noch, ehe er endgültig zusticht. Er geht in Richtung Schlafzimmer des Königs, einen realen Dolch in der Hand, einen blutigen Dolch vor seinem inneren Auge, er spricht den berühmten Monolog:

Ist das ein Dolch, was ich da vor mir seh,

Den Griff zu meiner Hand? Komm, laß dich packen:–

Ich hab dich nicht, und doch, ich seh dich noch.

Bist du fürs Fühlen nicht so wahrnehmbar,

Du Unheilsschemen, wie fürs Sehen? oder bist du nur

Ein Dolch des Innern, eine falsche Schöpfung,

Die austritt aus dem heißzerkochten Hirn?

Ich seh dich noch, in deiner Form so greifbar

Wie der, den ich jetzt zieh.

Du leitest mich den Weg, den ich schon ging;

Und eben solches Werkzeug sollt ich führen. –

Mein Auge wird zum Narrn vor allen Sinnen,

Oder klüger als der Rest: ich seh dich noch;

Und dir an Griff und Klinge Blut, das tropft,

Was vorhin nicht da war. – Da ist nichts da.

Es ist das Blutgeschäft, was sich so formt

Vor meinen Augen …

… Du sichre, feste Erde, hör

Nicht meinen Schritt, wohin er geht, aus Angst

Es plappern deine Kiesel schon mein Wohinaus

Und brechen dieser Stunde stilles Grauen,

Das zu ihr paßt. – Solang ich nur droh, atmet er:

Worte erkälten heißes Tun zu sehr.

Im letzten Moment, ehe Macbeth aufbricht zu seiner Tat, gibt er seiner Frau noch einmal zu bedenken:

Wenn wir scheiterten?

Sie wischt das Argument weg:

Wir scheitern?
Schraub du nur deinen Mut zum Berstpunkt hoch,
Und nichts von Scheitern dann.

Die Frau weiß, was sie will. Und er sticht zu.

Macbeth: **I am settled, and bend up each corporal agent to this terrible feat.** | 97

Damit tut er im Grunde nichts anderes als das, was er immer tut: mal eben morden. Doch er tötet nicht als Soldat. Dieser Mord ist mit dem – nennen wir es soldatischen – Ehrgefühl nicht vereinbar. Es ist ein Meuchelmord. Und darum spürt Macbeth: Diesmal tötet er seine eigene Ruhe gleich mit, und das verwirrt ihn so, daß er die Mordwaffe im Zimmer vergißt, anstatt sie den betrunken schlafenden Wachen in die Hände zu legen. Das tut sie, die Lady, und gleich danach stellt sie fest, daß sich das Blut von ihren Händen nicht mehr abwaschen läßt. Darüber wird sie schließlich verrückt und bringt sich um, und das macht sie uns wieder menschlich. Die Psychoanalyse nennt es verdrängen; es ist der Schutzmechanismus für den Geist, der das Grauenhafte nicht mehr fassen kann.

Wir gehen über die Friedhöfe in den schottischen Highlands. Die Grabsteine sind zum Teil sehr alt, verwittert, Totenschädel aus Stein liegen im Gras. Die Engel haben keine Köpfe mehr und ihre Flügel zerbröckeln. Man spürt die Jahrhunderte, man spürt Kraft und Trotz, und letztlich zerfällt doch alles, die Schlösser, die Mauern, die Gräber – wie erst wir! Wußten sie damals davon nichts? Wir lassen diesen Gedanken ja auch nur selten zu. Unser Leben ist wie das Leben von Macbeth auf das Ziel *mehr* und *weiter* ausgerichtet. Wir morden nicht dafür. Aber unser Fortschritt nimmt Morde in Kauf. Wir sehen sie nicht. Aber wir wissen es doch.

Der Wind trocknet uns aus. Es ist totenstill. Und plötzlich ein Geschwader Kampfflugzeuge mit ohrenbetäubendem Lärm.

Macbeth: **Now o'er the one half-world nature seems dead,**
and wicked dreams abuse the curtain'd sleep. | 103

Und Macbeth? Er steht die Sache durch. Er ist jetzt fast schon König. Er lenkt den Verdacht auf die Wachen, auf Duncans Söhne, die daraufhin sofort fliehen, und er bereitet seine Krönung vor. So geht's zu in den oberen Etagen der Macht. Wie sich der Mord, der Machtwechsel vollzieht, das sehen wir nicht, obwohl uns doch sonst auf offener Bühne wahrlich genug Morde zugemutet werden. Dieser nicht. Warum? Weil sich Machtwechsel in dieser Höhenluft nun mal diskret vollziehen. Das hierarchische Geschäftssystem ist undurchschaubar, ein Mann aus Eisen folgt auf einen anderen Mann aus Eisen, wir wissen nicht, wie und warum, wir lesen es nur auf Seite eins oder im Wirtschaftsteil und nehmen es zur Kenntnis. Und wenn einer befördert wird, muß ein anderer abgebaut werden. In diesem Fall ist das Kollege Banquo, mit dem Macbeth im Team zusammen ja sehr erfolgreich war, aber Teams werden nicht befördert. Was nun?

Der Gedanke an Banquo macht Macbeth denn auch sofort zu schaffen – Banquo, der alte Kriegskamerad, der Mann, der die Weissagung der Hexen auch gehört hat. Banquo wird sich denken, daß bei diesem schnellen Führungswechsel nicht alles mit rechten Dingen zugegangen ist, und er wird sich sagen: Das ist nicht von Dauer, die nächsten Könige, das werden meine Söhne, auch wenn ihr mich jetzt wegmobbt. Banquo hat Söhne. Er kann warten. Macbeth hat keine Kinder. Er hat keine Zeit zu verlieren.

Das erste Unrecht ist getan, und es zieht neues Unrecht nach sich. Macbeth fürchtet in Banquo den Mitwisser, auch den Rivalen – er weiß, daß er um seiner Ruhe und Sicherheit willen Banquo und dessen ältesten Sohn Fleance ermorden muß. Er will es diesmal nicht selbst tun, er heuert Mörder an. Auch das kommt uns modern und bekannt vor – wir machen uns die Hände nicht selbst schmutzig. Wir lassen Krieg führen. Die Technik erledigt, was erledigt werden muß.

110 | Second Murderer: **We shall, my Lord, perform what you command us.**

Die beiden Mörder, die Macbeth nun anheuert, empfehlen sich für den blutigen
Auftrag mit den Worten:

2. Mörder:

Herr, ich bin einer,

Dem diese Welt mit Schlägen und mit Püffen

So eingeheizt hat, daß mir ganz egal

Ist, was ich tu der Welt zum Trotz.

1. Mörder:

Und ich bin einer,

So müd vom Unglück, so zerrupft vom Leid,

Daß ich mein Leben setz auf was nur kommt,

Ums zu verbessern oder loszusein.

Der schnelle Gedanke an die Selbstmordattentäter von New York oder Israel ist
hier so abwegig nicht. Um ein Zerstörungswerk zu vollenden, finden sich immer
Hilfswillige, fanatische oder lebensmüde Desperados, die ihr Leben gern einset-
zen, weil es ihnen ohnehin nichts bedeutet.

Macbeth gibt jetzt ein großes Fest für alle Getreuen, sein erstes Fest als desi-gnierter neuer König. Er lädt auch Banquo ein, wohl wissend, daß Banquo auf dem Weg zu diesem Fest erschlagen wird von den beiden gedungenen Mördern.

Und dann passiert etwas Schreckliches: Als alle Gäste da sind und Macbeth sich mit ihnen zu Tisch setzen will, sieht er Banquos Geist auf seinem Stuhl sitzen. Er hat eine Halluzination, eine Erscheinung, wieder einmal spielt ihm seine Einbil-dungskraft einen Streich. Aber er wird nicht wahnsinnig, wie später seine Frau, die hier noch ganz kaltblütig reagiert und ihn anherrscht, daß er sich gefälligst zusammenreißen soll. Macbeth hat die Hexen sehen können, und nun sieht er, daß die Toten nicht ruhen, sondern erscheinen und ihn erinnern. Jetzt muß er sich völlig verhärten, damit er nicht durchdreht. Er muß sein Gewissen abschot-ten, um zu überleben. Er darf keine Angst zulassen:

Hängt jeden, der von Furcht spricht!

Macbeth: **I drink to th'general joy o'th'whole table,**
and to our dear friend Banquo, whom we miss; would he were here! | 113

Der zukünftige König hat sich Gäste eingeladen, um seine neue Macht zu demonstrieren und zu festigen, und dann erscheint ihm der Geist eines Toten und peinigt ihn vor aller Augen, und alle denken: Wird er jetzt verrückt? Es ist wieder einmal die Lady, hier noch stark und gesund und nicht zerrüttet, die den Überblick behält und die Situation rettet.

Achten Sie bitte nicht auf meinen Mann, sagt sie. Er ist überarbeitet, die Nerven, er hatte das schon als Kind, leichte Anfälle, das geht vorüber. Und ihrem Mann zischt sie zu: Verdammt noch mal, jetzt nimm dich doch ein bißchen zusammen!

O dummes Zeug!

Das sind schier Bilder deiner eignen Angst:

...Was ziehst du für Grimassen? Schließlich schaust

Du nur auf einen Stuhl!

Dann strahlt sie wieder die Gäste an, ganz Herrin des Hauses, der Situation, und sagt:

Seht dies, ihr Herrn,

Nur als was Übliches: ist weiter nichts;

Bloß uns verdirbt's die Freude dieser Stunde.

Aber ihr Mann will sich nicht beruhigen, phantasiert weiter vom Blut, und schließlich schickt sie die Gäste mit Bedauern, aber resolut nach Hause. Und er kriegt was zu hören, als sie weg sind, aber er ist völlig in sich versunken:

Das lechzt nach Blut, sagt man; Blut lechzt nach Blut:
Man sah schon Steine wandern, Bäume sprechen;
... ich stieg ins Blut
So tief, daß mir, wollt ich nicht mehr drin baden,
Rückkehrn so schwer wär wie hindurchzuwaten.

Noch antwortet sie darauf leichthin:

Dir fehlt der Heilstoff aller Wesen, Schlaf.

Aber ihm fehlt viel mehr. Ihm fehlt jeder Maßstab, ihm fehlt die Lust an seinen Erfolgen, ihm fehlt der Sinn für das, was er tat und tut. Er steckt mitten in der Tragödie seines Lebens, er wittert schon das Ende, und er weiß, daß es keine Erlösung geben wird.

| First Witch: **Where hast thou been, Sister?** Second Witch: **Killing swine.**

Das macht Macbeth aktuell und modern. Zu Beginn dieses neuen Jahrtausends steckt unsere Gesellschaft in einer tiefen ethischen Krise. Was ist noch gut, was böse? Was haben wir selbst in der Hand, was dominiert die Politik, mehr noch: die Wirtschaft? Politische Akteure, ob sie Kriege führen, Gelder unterschlagen oder mehr das eigene als das Gemeinwohl berücksichtigen, haben dennoch keinerlei Bewußtsein von Schuld, wie es Macbeth, dieser schreckliche Schlächter, immerhin noch hat, so sehr, daß seine Frau wütet:

Hab Hände rot wie du; doch würd mich schämen für Dein weißverzagtes Herz.

»But I shame to wear a heart so white ...« – haben wir das je einen unserer Politiker oder Wirtschaftsbosse sagen hören? Es wäre ihr Untergang, Schuld und Scham einzugestehen. Vielleicht empfinden sie nicht einmal mehr Schuld und Scham, vielleicht ist ihnen jeder moralische Maßstab längst abhanden gekommen, und es geht ihnen nur noch um Machterhalt und Selbstverwirklichung und nicht mehr um Verantwortung und das Einhalten demokratischer Regeln. Deshalb vertrauen wir ihnen nicht, deshalb sind sie uns manchmal geradezu zuwider. Und deshalb ist uns dieser Macbeth nicht zuwider. Wir fürchten ihn, er entsetzt uns, aber wir verabscheuen ihn nicht. Er weiß wenigstens, daß das, was er tut, grauenhaft ist, er gibt es zu, er leidet sogar darunter. Aber er weiß auch, daß es kein Zurück gibt.

Und so wird Banquo eben getötet, der alte Mitstreiter aus besseren Zeiten. Doch Fleance, sein Sohn, kann entkommen, und jetzt wird Macbeth wirklich unruhig. Verdammt noch mal, auf dem Weg nach oben dürfen keine Fehler passieren! Aber wenn die Vernunft vagabundiert, passieren eben Fehler. Jetzt muß er aufpassen, jetzt muß er wirklich gründlich aufräumen, und so läßt er nicht nur Banquo ermorden, sondern er stellt auch Macduff nach, der dem alten König Duncan treu ergeben war. Jetzt muß er nicht nur Zeugen und Mitwisser töten, jetzt muß er alle töten, die gegen ihn sind. Blut lechzt nach Blut.

Macduff hat geahnt, was auf ihn zukommen würde, er ist nach England geflohen, zu den anderen Getreuen. Aber er hat nicht geahnt, wie weit Macbeth es treiben würde. Der schlachtet ihm zu Hause in Schottland, in seinem eigenen Schloß, Frau und Kinder regelrecht ab. Und ein erschütternder Schrei bricht aus Macduff, als er davon erfährt:

Er hat ja keine Kinder.

Jetzt ist die ganze Welt in Blut getaucht, es überflutet die Bühne, es überflutet uns, auch da, wo wir nicht hinsehen. Auch dann, wenn wir den Fernseher ausschalten, die Zeitung aus der Hand legen. Und Macbeth ist verzweifelt. Er gesteht es sich und seiner Frau nicht ein, aber Shakespeare weiß es, und wir wissen es. Gewaltherrscher, die zu unrecht an die Macht gekommen sind, fürchten immer, daß man es ihnen mit gleicher Münze heimzahlt. Das ist das Gewissen, das sie peinigt.

Macduff: **Each new morn, new widows howl, new orphans cry;** 125
new sorrows strike heaven on the face, that it resounds as if it felt with Scotland.

»Je mehr Macht der Mensch erwirbt, desto verwundbarer wird er. Was er am meisten fürchten muß, ist der Augenblick, in dem er, wenn die Schöpfung einmal völlig unter Kontrolle gebracht ist, seinen Triumph feiern wird – eine fatale Apotheose, ein Sieg, den er nicht überleben wird. Das Wahrscheinlichste ist, daß er verschwinden wird, bevor er alle seine Pläne verwirklicht hat. Er ist bereits so mächtig, daß man sich fragt, warum er danach strebt, es noch mehr zu sein. Soviel Unersättlichkeit verrät ein ausweglosen Elend, einen gehörigen Verfall.« Emile M. Cioran, *Gevierteilt*

Macbeth fühlt das ausweglose Elend. Das Räderwerk der Gewalt ist in Gang gesetzt und muß jetzt beschleunigt werden. Jeder Krieg funktioniert so. Und so sehen wir den schrecklichen Helden in der Nacht wieder hinausgehen aufs Feld zu den Hexen. Es ist jetzt immer nur Nacht in diesem Stück.

Die Nacht ist lang, die keinen Tag mehr sieht.

Macbeth weiß, wo die Hexen zu finden sind. Draußen im Moor, wo es donnert, und natürlich ist Mitternacht.

Er herrscht sie an: Los, ihr verdammten Weiber, jetzt habt ihr einmal angefangen, nun macht gefälligst weiter mit euren Vorhersagen, und es ist mir völlig egal, ob die ganze Welt dabei in Stücke geht. Was soll ich als nächstes tun? Ich hab Macduffs ganze Familie erschlagen, aber er selbst ist nach England entkommen, zusammen mit dieser Brut, den Söhnen von König Duncan und diesem idiotischen Fleance, Banquos Sohn. Und ich weiß doch, was sich da zusammenbraut gegen mich. Antwortet mir, was soll ich tun, wovor muß ich mich hüten, worauf muß ich achten, na, wird's bald?

Und die Hexen, die da ihr ekelhaftes Süppchen aus Hundeköpfen, Natternzungen, Rattenblut und Eingeweiden kochen, lassen sich diesen Ton wirklich gefallen. Wir sehen: Nicht sie haben ihn – er hat sie in der Hand; nur wer am Ende gewinnt, das ist hier noch nicht klar. Also reden sie abermals, flüstern ihm ein, was er hören und nicht hören will.

Third Witch: **Gall of goat, and slips of yew, sliver'd in the moon's eclipse;**
nose of Turk, and Tartar's lips; finger of birth-strangled babe …

134 | Second Witch: **By the pricking of my thumbs, something wicked this way comes.**

Hüte dich vor Macduff! sagen sie.

Das weiß ich selbst, gibt er zur Antwort. Hohnlache aller Gefahr, sagen sie, denn keiner, den ein Weib geboren hat, kann dir je schaden oder dir etwas antun. Donnerwetter, sagt Macbeth, das klingt verdammt gut, warum soll ich mich dann vor Macduff hüten? Soll er doch lang leben und schmoren in seinem Saft, der kann mir nichts.

Die Hexen kichern. Sie wissen, daß man auch mit der Wahrheit lügen kann. Wir wissen das auch. Macbeth läßt sich allzu leicht hinters Licht führen und beruhigen.

Und dann noch diese Vorhersage, die letzte: Nichts kann dir passieren, sagen sie, ehe nicht der Wald von Birnam, der deinem Schloß Dunsinane gegenüberliegt, auf das Schloß zugewandert kommt.

Und Macbeth lacht und sagt: Das ist ja zu schön, der Wald soll wandern? Na, dann kann ja nichts passieren, ich danke euch, ihr häßlichen Schnepfen!

Dann will er unbedingt noch wissen, was mit Banquos Nachkommenschaft sein wird, und zu seinem Entsetzen erscheinen ihm sieben Könige, dann eine achte Gestalt am Schluß: der blutige Banquo als grinsender Stammvater.

Und weg sind sie wieder, und die Hexen sind auch verschwunden, und Macbeth erschrickt und sagt: Um Himmels willen, war da was? Und er fragt Lenox, der für ihn arbeitet:

Sahst du die schwarzen Schwestern?

Nein, Lenox hat nichts gesehen und nichts gehört, und Macbeth sagt: Dann muß ich mich wohl geirrt haben, und überhaupt, ich wäre ja verrückt, wenn ich auf dergleichen etwas geben würde.

Und Fluch, Fluch dem, der ihnen traut!

Lady Macduff: **When our actions do not, our fears do make us traitors.** | 137

Er weiß es, er weiß, daß alles Einbildung und Gaukelei und Phantasie ist, und doch läßt es ihn nicht mehr los. Und zurück kann er auch nicht mehr. Wovor soll ich mich schon groß fürchten, denkt er, ich bin schließlich der rechtmäßige König, ich kann machen, was ich will – und so geht das Köpfeabschlagen weiter. Man muß nur die Angst ausschalten, das kennen wir ja, und dazu hören wir nur zu gern auf Horoskope, Einflüsterungen, Orakel, Lügen, Beteuerungen – auf alles, was wir uns selbst so vormachen. Macbeth ist da nicht anders:

Ich hab fast den Geschmack der Angst vergessen.
's gab Zeiten, wo mir kalt geworden wär
Vor Schreien in der Nacht; und jedes Kopfhaar hätt
Bei Grausgeschichten sich gesträubt, gespreizt,
Als ob es lebt. Ich hab mich sattgespeist
An Greueln: Grauen, meinem Schlächterhirn
Vertraut, schreckt mich nicht mehr.

Wir zerteilen keinen Menschen mit dem Schwert, wir morden den König nicht im Schlaf. Aber Macbeth ist nicht irgendein Mensch in irgendeinem fernen Jahrhundert. Du bist es, ich bin es.

Der Dramatiker Edward Bond schrieb über seine erste Begegnung mit Shakespeares *Macbeth:* »... und zum allerersten Male in meinem Leben ... begegnete ich jemandem, der über meine wirklichen Probleme sprach – über das Leben, das ich führte, über die politische Gesellschaft um mich herum ... Ich kannte alle diese Menschen.«

Und kühn stellt er Shakespeare neben – er stellt ihn *über* Gott: »Nun, es stimmt nicht, daß Gott jedesmal im Spiel ist, wenn ein Spatz zu Boden fällt – das wäre etwas viel für ihn –, aber wahr ist, daß Shakespeare sich darum kümmerte. Ganz ohne Zweifel sogar um diesen Menschen Macbeth – der vielleicht Hitler war. Und so erwachte in mir durch dieses Stück ein Gefühl für menschliche Würde – für den Wert menschlicher Wesen.«

Macbeth: **Is this a dagger, which I see before me, the handle toward my hand?** | 141

Was ist das heute noch: der Wert menschlicher Wesen? Wer bestimmt diesen Wert? Sind die Menschen aus dem einen Land mehr wert als die aus dem anderen? Sind die in den oberen Etagen mehr wert als die da unten? Was für eine ewige Kinderfrage! Auf dem Papier läßt sie sich leicht beantworten, mit schönen Sätzen von der Gleichheit aller, der Würde, der Gerechtigkeit, dem in der amerikanischen Verfassung sogar festgeschriebenen Anspruch auf das Streben nach Glück. Die Wirklichkeit sieht anders aus. Rosse, einer der Getreuen um Macduff, beschreibt sie so, und Rosse, der Schotte, könnte auch ein Mann von heute aus Afrika sein:

O armes Land!

Fast bang, im Spiegel sich zu schaun. Man kann's

Nicht ›Mutter‹ nennen, nur noch Grab; wo niemand

Als der, der nichts weiß, noch ein Lächeln trägt;

Wo Seufzen, Stöhnen, Schrein die Luft zerreißt

Und keinen kümmert's mehr; wo wildes Leid

Wie Alltagsstimmung scheint: beim Grabgeläut

Fragt kaum noch einer: wer? – und manches Leben,

Manch braves Leben welkt vorm Strauß am Hut,

krepiert, bevor's erkrankt.

Wir leben in derselben Welt, in der Macbeth gelebt hat. Die Dichter haben uns etwas zu sagen, Shakespeare hat uns so viel zu sagen. Er sagt uns zum Beispiel: Das kann so nicht gut ausgehen. Und in uns flüstern die Hexen oder wer auch immer: Das kann so nicht gut ausgehen. Und dann fliegen zwei Machttürme in die Luft, reißen Tausende in den Tod, und wir wollen so gar nichts geahnt haben? Nichts vorhergesehen? Wir haben uns für unverwundbar gehalten, wie Macbeth?

Shakespeare hat gewußt, wie dumm und hochmütig wir Menschen sind. Er hat es uns an diesem Mann Macbeth gezeigt, der immer weitermacht, obwohl längst alles verloren ist, der nicht innehält, nicht umkehrt, sich nicht besinnt, dem sogar das einzig Gute, das er hat – die Liebe zu seiner Frau –, noch abhanden kommt. Man meldet ihm, daß sie schlafwandelt, sich unentwegt das Blut von den Händen waschen will, nicht zur Ruhe kommt, und ihr Arzt sagt erschüttert:

Zerrüttung der Natur – die Entspannung des Schlafes genießen und gleichzeitig die Geschäfte des Wachzustands verrichten! Und er ahnt:

Naturwidrige Tat gebiert naturwidriges Leid.

Das ist jetzt die Welt von Macbeth: naturwidrig. Das ist die Welt eines Kriegsmannes, der schon lange nicht mehr schläft und der von sich sagt:

Ich kämpfe, bis mein Fleisch mir von den Knochen gehackt ist.

Nur das treibt ihn noch um. Die liebste Liebe, die Gefährtin besserer Tage hat er längst vergessen. Sie ist tot? Sie hat sich umgebracht? Falscher Zeitpunkt, sagt er, bitte nicht jetzt, ich habe gerade ganz andere Sorgen.

Sie hätte sonst wann sterben solln.

Und geradezu zynisch klingt, was er über ihr Leben, über unser aller Leben sagt:

Aus, aus, klein Kerzlein!

Leben ist nur ein Wanderschattenspiel;

Ein armer Komödiant, der seine Zeit

Abstolzt und abschnauft auf der Bühne und

Nie mehr gehört wird dann: ist eine Mär

Aus einem Tölpelmund, voll von Getön

Und Toben, und bedeutet nichts.

Shakespeare, der Existentialist. Macbeth, der Mann ohne jeden Glauben an Sinn und Wert des Lebens. Die Welt, sagt Shakespeare, ist absurd. Das Leben ist im Grunde sinnlos. Und obwohl wir doch wissen, wie kurz und wie bemessen unsere Zeit ist, wollen wir so viel erreichen.

Fair is foul and foul is fair – die Weltordnungen, die moralischen Kategorien sind längst durcheinandergeworfen, was also soll der Mensch mit seinen sinnlosen Leidenschaften und seinem Ehrgeiz anfangen? Das Leben ist eine von einem Schwachsinnigen erzählte Geschichte, mehr nicht, also, es ist das NICHTS. Es ist unbedeutend. Wir morden weiter, es kommt schon nicht mehr drauf an. Augen zu und durch. Wir haben einen Stand des Unrechts erreicht, an dem wir nicht mehr umkehren, nur noch weitermachen, das Werk der Zerstörung nur noch vollenden, es nicht mehr aufhalten können. Um das zu ertragen, schalten wir die Angst aus. Wie sehr ähneln wir doch auch darin diesem Helden Macbeth!

Man braucht sehr viel Kraft, um sich gegen die Schwärze des Macbeth zu stemmen.

Warum machen wir denn weiter, trotz allem?

»Wenn man um jeden Preis möchte, daß die Geschichte einen Sinn hat, so suche man ihn in dem Fluch, der auf ihr lastet, und nirgendwo anders«, schreibt Emile M. Cioran düster.

»Vielleicht ist alles Trug

Und Einbildung und ich bin selber Schein.«

Eduard Mörike, *Maler Nolten*

Fair is foul, and foul is fair. Umkehren geht nicht mehr. Weitermachen, weitermachen – und hier fallen sie, diese entsetzlichen Worte:

Mich müdet langsam alles Sonnenlicht,
Möchte sehn, wie alle Welt in Trümmer bricht.
... Komm, Untergang!

Macbeth kann nicht die ganze Welt in die Luft jagen – das hätte er gern getan.
Heiner Müller läßt ihn an dieser Stelle, als er das Ende ahnt, sagen:

»Wär ich *dein* Grab, Welt. Warum soll *ich* aufhörn und *du* nicht.«

| Macbeth: **And even now, to crown my thoughts with acts, be it thought and done.**

Ehe der Tod kommt, reißt Macbeth wenigstens noch so viele Lebende wie möglich mit sich, in einem letzten grausigen Gemetzel. Er kann nicht anders, es ist sein Zwang zum Bösen in letzter Konsequenz, bis es ihn selbst mitzieht in den Strudel der Zerstörung. Kein Leben gilt mehr, auch das eigene nicht. Wir können das nicht wirklich verstehen, wir fühlen nur, daß so etwas möglich ist, wir sehen es ja, wenn wir fassungslos und erschüttert auf dieses Loch da in New York schauen.

»**Die waghalsigsten Träume früherer Machthaber, denen das Überleben zur Passion und zum Laster geworden war, erscheinen uns heute dürftig ... Die uralte Struktur der Macht, ihr Herz- und Kernstück: die Bewahrung des Machthabers auf Kosten aller übrigen, hat sich ad absurdum geführt, sie liegt in Trümmern. Die Macht ist größer, aber sie ist auch flüchtiger als je. Alle werden überleben oder niemand.«** Elias Canetti, *Masse und Macht*

Macbeth ist wild entschlossen: Niemand wird überleben, wenn es nach ihm geht. Und eh nicht der Wald auf das Schloß zumarschiert kommt, ehe also nicht das nahezu Unmögliche eintritt, kann ihm nichts geschehen. Aber es kommt, wie es kommen muß: Das Unwahrscheinliche geschieht. Das feindliche Heer marschiert heran, durch Zweige aus dem Wald getarnt, und Macbeth begreift, wie die Hexen, die Einflüsterungen ihn gefoppt haben:

Ich zügel den Entschlußmut; und fang an,
An Satans Doppeldeutelei zu zweifeln,
Der Wahrheit lügt.

Eine uralte Kriegslist, eine List auch demokratischer Herrscher, für den Krieg zu werben und ein kriegsmüdes Volk von der Notwendigkeit des Krieges zu überzeugen: mit der Wahrheit zu lügen.

Macbeth stellt sich dem anrückenden Feind, dem Wald seiner Angst, entgegen, und er wird uns fast wieder sympathisch: Endlich hat der Mann ein bißchen Angst – furchtlos war er furchtbarer. In Kurosawas Film ist das die entsetzlichste Szene: Von Pfeilen durchbohrt taumelt Macbeth auf den Wald zu, eigentlich schon tot, aber noch glaubt er ja fest an diese letzte *eine* rettende Prophezeiung, die ihm noch bleibt: Niemand, den ein Weib geboren hat, wird ihn töten können. Das macht ihn vermeintlich unverwundbar, und er schlägt zu und mordet wie nie zuvor. Es geht um alles oder nichts.

Macbeth zieht den Heeren der Feinde, die seiner Schreckensherrschaft ein Ende machen wollen, mit finsterer Entschlossenheit entgegen:

Solang ich Lebende noch seh
Stehn denen Wunden besser.

Und er trifft auf Macduff, vor dem er sich hüten soll. Macduff haßt ihn mehr als alle anderen, denn Macbeth hat ihm alles genommen, und er schreit ihm entgegen:

Ich habe keine Worte;

Mein Wort, das ist mein Schwert: Schuft, blutiger

Als Sprache sagen kann!

Macbeth ist all dessen so müde, und er ist sich seiner schrecklichen Unverwundbarkeit so sicher, daß er fast milde sagt, als Macduff das Schwert gegen ihn erhebt:

Spar dir die Müh:

Kannst grad so leicht die unschneidbare Luft

Zerhaun durch Schwerthieb, wie mich bluten machen ...

Mein Leben ist gefeit; erliegen soll's

Niemandem, den ein Weib gebar.

Das kannst du haben, schreit Macduff, mich hat kein Weib geboren, ich wurde meiner sterbenden Mutter aus dem Leib geschnitten!

Was für eine grausige Wendung! Jetzt muß Macbeth erkennen, wie sehr er sich geirrt, wie sehr er die Einflüsterungen mißdeutet hat. Und Macduff erschlägt Macbeth. Er schlägt ihm den Kopf ab, bringt ihn den Kampfgenossen, und nun geht alles ganz schnell, wie immer bei blutigen Machtwechseln: Der König ist tot, es lebe der König, ein Mann aus Eisen folgt auf einen Mann aus Eisen, es ist das alte Spiel. Und es endet nie.

Was für eine Geschichte ist das nun? Ist die Lehre daraus: Verbrechen zahlt sich nicht aus? Siegt etwa das Gute? Ist es eine moralische Fabel vom Ehrgeiz und davon, wohin er führt?

»Wer da meint, Shakespeares Theater wirke moralisch und der Anblick des Macbeth ziehe unwiderstehlich vom Bösen des Ehrgeizes ab, der irrt sich, und er irrt sich noch einmal, wenn er glaubt, Shakespeare selber habe so empfunden wie er. Wer wirklich vom rasenden Ehrgeiz besessen ist, sieht dies sein Bild mit Lust; und wenn der Held an seiner Leidenschaft zugrunde geht, so ist dies gerade die schärfste Würze in dem heißen Getränke dieser Lust.« Friedrich Nietzsche, *Morgenröte – Gedanken über die moralischen Vorurteile*

Da haben wir's. Shakespeares Theater ist nicht die moralische Instanz, nach der uns verlangt. Es bildet ab. Und wir erkennen uns darin, ob es uns gefällt oder nicht. Nicht nur zu Zeiten des Macbeth, nicht nur zu Shakespeares Zeiten gab es unvorstellbare Greuel. Das abgelaufene Jahrhundert hat darin alles überboten, und das neue fängt auch schon wieder mit traurigen Rekorden an. Wir versuchen, *das Böse* auf alle mögliche Art und Weise zu erklären und einzugrenzen, aber es hat seinen archaischen, metaphysischen Urklang nie verloren, und »der Schritt über den Zivilisationszaun in die Wildnis ist nur ein kleiner«. (Frank Günther)

Mit einem Glück auf Dauer ist nicht zu rechnen. Mit Entwirrung von Schuld, Verstrickung und Terror auch nicht. Legte man alle Hintergründe frei, säßen auch die Sieger auf den Anklagebänken. In Tragödien vom Ausmaß des Macbeth gibt es keine Katharsis, keine Läuterung. Sie wiederholen sich. Sie sind aktuell. Macbeth ist einer, den der Krieg verroht hat. Er hat sich seinem König unterworfen und für ihn getötet, und die Kombination von Unterwerfung, Gehorsam und Grausamkeit ist entsetzlich. Wir können das im 20. Jahrhundert mehr als genug besichtigen. »Die Erfahrung von Auschwitz« nennt es der Shakespeare-Forscher Jan Kott. Wenn erst eine gewisse Schwelle überschritten wurde, ist alles Weitere eher einfach.

Der Krieg hat Macbeth entmenschlicht. Er hat ihn abgestumpft und seine moralischen Hemmschwellen eingerissen, da mußte die Lady nur noch ein wenig anstoßen. Sie ist nicht schuld. Die allgegenwärtigen Hexen der Phantasie sind nicht schuld. Es ist der Krieg, der das aus Menschen macht.

Und ist die Welt denn erlöst mit dem Fall des Tyrannen? Nein. Natürlich nicht. Es wartet ja schon der nächste. Der Tod des Macbeth bringt keine neue Ordnung, keine Erlösung.

184 | Macduff: **Behold, where stands th'usurper's cursed head: the time is free.**

Am Ende hält Macduff, der Rächer, Macbeths Kopf hoch und ruft: ||| ||||||||||| |||||
																																																																		.																	

Die Welt ist frei! ||| |||| |||||||| ||| |||| |||||||||||| ||||| |||||||| ||||| ||| ||| |||||||
																									.																																																										
																															.																																														
																																																						. Daran darf gezweifelt werden.

»Seht die Ruinen des Wahns, die Ruinen des Traums!«

Aus Akira Kurosawas Macbeth-Film *Das Schloß im Spinnwebwald, 1957*

Tom Krausz und ich waren vor zwei Jahren für eine Zeitschrift in Neuseeland, um Pinguine zu beobachten. Er hat sie fotografiert, ich habe über sie geschrieben. Wir kannten uns vorher nicht. Tom ist so ruhig, wie ich quirlig bin, ganz ohne Skepsis fing die Sache also nicht an. Aber wenn man tagelang morgens um fünf still in den Dünen liegt, um den scheuen neuseeländischen Pinguinen am Pazifikufer aufzulauern, dann kommt man sich näher und heckt neue Pläne aus.

Schottland, sagte Tom, das ist ein wildes Land, das möchte ich fotografieren. Macbeth, sagte ich, über den denke ich schon lange nach. Und wir konnten beide den Dolch-Monolog aufsagen. Wir stellten fest, daß uns *Macbeth* unter die Haut ging, die Brutalität der Mächtigen, die Frage, wer oder was »Hexen« sind, und ob der Mensch eine Chance hat, sein Leben selbst zu planen. Und so beschlossen wir, ein zweites gemeinsames Werk anzugehen: Macbeth. Wir fuhren nach Schottland, und wir sind durch wilde, schöne Landschaften gewandert. Tom hat seine Fotos gemacht, ich meine Notizen, und abends haben wir viel Bier und Whisky getrunken und über Shakespeare geredet, diesen Dichter, der alle Tiefen und Schwächen der Menschen kannte wie niemand vor und niemand nach ihm. Die Arbeit an diesem Buch war eine einzige lange, wunderbare Freude. Und den nächsten gemeinsamen Plan gibt es natürlich auch schon.

Elke Heidenreich, August 2002

Deutsche Übersetzung der Shakespeare-Zitate

Seite 11: (III, 4.)
Macbeth: **Blut wurd auch sonst vergossen, alle Zeit, eh menschlich Recht den Staat befriedet hat.**

Seite 12: (III, 3.)
Banquo: **'s gibt Regen noch heut nacht.**
1. Mörder: **Dann laß nur strömen.**

Seite 16: (IV, 3.)
Macduff: **Steht's noch um Schottland so wie eh?**

Seite 27: (V, 5.)
Macbeth: **... gibt's keine Flucht von hier, kein Bleiben mehr.**

Seite 33: (I, 1.)
Hexen: **Recht ist schlecht, und schlecht ist recht: durch stinkige Luft schwebt und neblige Näght.**

Seite 34: (IV, 1.)
Hexen: **Erschein dem Blick und quäl den Sinn; wie Schatten kommt und fahrt dahin.**

Seite 39: (I, 2.)
Duncan: **Der kann, schlimm wie er aussieht, uns scheint's von der Rebellion das Neueste melden.**

Seite 43: (I, 3.)
3. Hexe: **Es trommt! es trommt! Macbeth-beth kommt.**

Seite 47: (IV, 2.)
Lady Macduff: **Er liebt uns nicht: ihm fehlt im Kern Natur; der Zaunkönig sogar, der ärmste, winzigste der Vögel, kämpft, die Brut im Nest, selbst gegen Eulen an.**

Seite 52: (I, 5.)
Lady Macbeth: **Oh! niemals soll Sonne dieses Morgen sehn! Than, dein Gesicht ist wie ein Buch, wo man Seltsames lesen kann.**

Seite 62: (II, 4.)
Alter Mann: **... wo's schlimme Stunden, Dinge sehr seltsam, gab, doch diese böse Nacht, gespottet hat sie allem.**

Seite 72: (III, 1.)
Macbeth: **Denn heutnacht muß es sein, und etwas ab vom Schloß; stets eingedenk, daß ich ganz blütenrein bleib.**

Seite 75: (I, 5.)
Lady Macbeth: **Zeig Blümchens Unschuldsmiene, doch sei im Gras die Natter.**

Seite 79: (II, 2.)
Macbeth: **Mir war, ich hätt was schrein hörn: »Schlaft nicht mehr! Macbeth erschlägt den Schlaf«, – unschuldigen Schlaf.**

Seite 80: (II, 3.)
Pförtner: **Poch, poch, poch. Wer da, in Beelzebubs Namen?**

Seite 84: (II, 3.)
Lenox: **Die Nacht war stürmisch ... und wie's jetzt heißt, war was im Wind wie Jammern, was wie Todesschreien.**

Seite 97: (I, 7.)
Macbeth: **Ich bin dabei; gespannt in jeder Faser hin zur Grauenstat.**

Seite 103: (II, 1.)
Macbeth: **Jetzt überm einen Erdenhalb scheint die Natur wie tot, und üble Träume tun umschirmtem Schlaf Gewalt.**

Seite 110: (III, 1.)
2. Mörder: **Herr, wir tun, was sie uns nur befehlen.**

Seite 113: (III, 4.)
Macbeth: **Ich trinke auf das Wohl der ganzen Tafel, und unsres Freundes Banquo, der uns fehlt; wollt, er wär hier!**

Seite 118: (I, 3.)
1. Hexe: **Wo bist gewesen, Schwester?**
2. Hexe: **Schweine schächten.**

Seite 125: (IV, 3.)
Macduff: **Neu jeden Morgen schrein neue Witwen, weinen neue Waisen; und neues Leid ohrfeigt den Himmel, daß er widerhallt, als fühlte er mit Schottland ...**

Seite 131: (IV, 1.)
3. Hexe: **Geißengalle, Rattenblut, das im Finstermond gegorn; Nas vom Türk, Tartarenohrn; Hand vom Kind, erwürgt mit Schnur ...**

Seite 134: (IV, 1.)
2. Hexe: **Bei des Däumchens Juckerei, jemand Böses kommt vorbei.**

Seite 137: (IV, 2.)
Lady Macduff: **Tun's nicht unsre Taten, macht Angst uns zu Verrätern.**

Seite 141: (II, 1.)
Macbeth: **Ist das ein Dolch, was ich da vor mir seh, den Griff zu meiner Hand?**

Seite 142: (IV, 3.)
Malcolm: **Was ist das neuste Leid?**

Seite 149: (V, 5.)
Seyton: **Die Königin, mein Fürst, ist tot.**

Seite 153: (IV, 3.)
Macduff: **Ich habe meine Hoffnungen verloren.**

Seite 158: (IV, 1.)
Macbeth: **Gleich jetzt, daß ich mit Tat krön, was ich denke, denke ich's – und tu's.**

Seite 171: (V, 9.)
Macduff: **Hoch, Schottlands König, Hoch!**

Seite 184: (V, 9.)
Macduff: **Schau hier, hier steckt des Usurpators Kopf: die Welt ist frei.**

Dank

Impressum

Sämtliche Shakespeare-Zitate stammen aus:
William Shakespeare, Macbeth, Deutsch von Frank Günther,
München, Deutscher Taschenbuch Verlag 1995
© für die Übersetzung: Hartmann & Stauffacher GmbH, Köln
© für den Anhang: 1955 Deutscher Taschenbuch Verlag, München

Wir danken dem Verlag Hartmann & Stauffacher GmbH sowie dem Übersetzer
und dem Deutschen Taschenbuch Verlag für das Abdruckrecht der Übersetzung.
Ebenso danken wir für die Abdruckgenehmigungen der folgenden Zitate:

S. 68: Julian Jaynes, *Der Ursprung des Bewußtseins durch den Zusammenbruch
der bikameralen Psyche*, Dt. Übersetzung v. Kurt Neff,
© 1988 by Rowohlt Verlag GmbH, Reinbek bei Hamburg

S. 126: Emile M. Cioran, *Gevierteilt*,
© 1982 Suhrkamp Verlag, Frankfurt

S. 140: Drucksache 10, Berliner Ensemble, Edward Bond,
Briefe, Die Proben, Shakespeares Notizbuch,
© 1994 Alexander Verlag, Berlin

S. 160: Elias Canetti, *Masse und Macht*,
© 1992 Claassen Verlag, jetzt München

Weitere Zitatnachweise:

S. 5: August Wilhelm Schlegel, *Über dramatische Kunst und Literatur*,
Vorlesungen Wien 1809–1811, 30. Vorlesung, Wien 1825

S. 9: Peter Hacks, *Theater der Zeit*, 61/1964

S. 57: Friedrich Nietzsche, *Der Wille zur Macht*, Stuttgart 1996

S. 60: Theodor Fontane, *Unwiederbringlich*, Frankfurt 1994

S. 73: Heiner Müller, *Macbeth*, Frankfurt a. M. 1982 (11. Szene)

S. 152: Emile M. Cioran, *Gevierteilt*, 1982

S. 154: Eduard Mörike, *Maler Nolten*, Fankfurt a. M. 1994

S. 156: Heiner Müller, a. a. O. (23. Szene)

S. 174: Friedrich Nietzsche, *Morgenröte – Gedanken über die moralischen Vorurteile*
[240. Von der Moralität der Schaubühne] Frankfurt 1995

Der Fotograf Tom Krausz dankt für die freundliche Unterstützung
des Urlaubsservice Großbritannien, British Tourist Authority,
Westendstraße 16–22, 60325 Frankfurt/M., www.visitbritain.com/de.

Die Deutsche Bibliothek – CIP-Einheitsaufnahme
Ein Titeldatensatz für diese Publikation ist bei
Der Deutschen Bibliothek erhältlich

2. Auflage 2002
© 2002 Frederking & Thaler Verlag GmbH, München
www.frederking-thaler.de

Alle Rechte vorbehalten

Text: Elke Heidenreich, Köln
Fotos: Tom Krausz, Hamburg
Lektorat: Irene Rumler, München
Konzeption und Gestaltung: Wunderamt, München
Herstellung und Satz: Büro Sieveking, München
Reproduktion: Lorenz & Zeller, Inning a. A.
Druck und Bindung: Passavia Druckservice GmbH, Passau

Printed in Germany

ISBN 3-89405-459-X